# Küchenführerschein

## für die Sekundarstufe I

Riza Kara & Jan-Martin Klinge

1. Auflage

**Die Autoren:**
**Riza Kara** ist Haupt- und Realschullehrer für Mathematik und Arbeitslehre: Hauswirtschaft, Technik. Er arbeitet seit 2015 an einer Gesamtschule im Raum Siegen.
**Jan-Martin Klinge**, Jahrgang 1981, ist Haupt- und Realschullehrer für Mathematik, Physik und Arbeitslehre: Technik und Autor des Lehrerblogs „halbtagsblog.de".

Bisher von den Autoren erschienen:

- *Mit Lerntheken den Mathematikunterricht neu gestalten*
- *Die Physik von Hollywood: Mit aktuellen Kinofilmen Impulse für den Unterricht gewinnen*
- *Elektrotechnik für die Sekundarstufe 1 (Workbook & Lehrerband)*
- *Bautechnik für die Sekundarstufe 1 (Workbook & Lehrerband)*

Alle Bücher sind bei Amazon erhältlich.



www.halbtagsblog.de

# Vorwort

An vielen Schulen führt das Fach „Arbeitslehre“ ein Nischendasein. Stand 2017 gibt es nur wenig ausgebildete Hauswirtschaftslehrer, so dass oft fachfremd unterrichtet wird. Mit der Hilfe (Tipps) erfahrener (fachfremder) Kollegen werden Jahr für Jahr Pizzen gebacken und Nudeln gekocht. Ansonsten ist jeder auf sich allein gestellt und projiziert die Nahrungszubereitung aus den eigenen vier Wänden in den Hauswirtschaftsunterricht.

Obwohl ich das Fach Arbeitslehre an der Justus-Liebig-Universität Gießen studiert habe, brauchte ich einige Jahre echter Schulpraxis, um ein wirkliches Verständnis vieler Themen zu erlangen und (m)einen roten Faden zu finden. Es macht eben doch einen Unterschied, ob man seinen Unterricht theoretisch begründet oder ob man mit einer Gruppe Kinder in der Schulküche sinnvolle Inhalte in der Praxis erlernt. Die, fast schon stiefmütterlich zu nennende Behandlung des Faches Hauswirtschaft findet sich auch in der Literatur wieder: Ja, es gibt Arbeitshefte, die für einzelne Stunden Impulse setzen können und mit vielen, klug gestalteten Arbeitsblättern glänzen – mich persönlich haben sie jedoch ebenso sehr frustriert, wie das Angebot an Schulbüchern: Ich war lange auf der Suche nach Struktur in meinem Unterricht.

Hauswirtschaftsunterricht, so scheint es, ist sehr stark abhängig vom Lehrer und dessen Interessen. In meiner Anfangszeit als Lehrer hat dies dazu geführt, dass ich mich oft ohne konkretes Ziel von Stunde zu Stunde gehangelt habe. „Ja, heute machen wir eine Quarkspeise mit Erdbeeren “ – aber beim Gedanken daran, was in zwei oder drei Wochen sei, hatte ich Bauchschmerzen. Ich suchte händeringend nach einem roten Faden, einer Orientierungshilfe – nicht nur nach einem Arbeitsblatt, mit dessen Hilfe ich die nächste Doppelstunde überleben konnte.

Meine Unzufriedenheit führte zu einem strukturellen Wandel meines Unterrichts und letztlich zu dem Buch, das Sie nun in Händen halten.
Auf der Suche nach einer hilfreichen Form erinnerte ich mich an die *Workbooks* aus dem Englischunterricht meiner Schulzeit: Parallel zu Schulbuch gab es dort Lückentexte, Übungen, Wiederholungen und Aufgaben, die den Schülern zu einem besseren Verständnis helfen sollten. Ein Workbook, das nicht nur aus Kopiervorlagen zu beliebigen Themen bestand, sondern praxisnah durch die verschiedenen Themen *führte* und dem eigentlichen Unterricht **folgte**.

Genau so etwas suchte ich.

Ganz wichtig sollte dabei die Verzahnung von Theorie und Praxis sein. Eine Doppelstunde nur „Kochen“ oder nur „Theorie“ war für mich selbst sehr unbefriedigend, deshalb sollte ein Workbook her, dass eben doch beides bietet. Eine Doppelstunde mit Theorie und Praxis.

Und weil es das nicht gab, begann ich, eines zu erstellen.
Stunde um Stunde, Woche für Woche wuchs das Heft immer weiter an. Ich sammelte Erfahrungen und besserte in den Nachfolgejahren aus. Bis, schließlich, dieses Buch entstanden ist.

Zwei Varianten für den Einsatz bieten sich an. Zunächst haben wir, passend zu diesem Lehrerexemplar, eine Schülerversion entwickelt. Arbeiten Sie mit den Kindern das Heft von vorne bis hinten durch, überspringen Sie dabei Unnötiges und genießen Sie die Show.
Etwas aufwändiger, aber nachhaltiger ist der zweite Weg: Ein Teil des Workbooks steht online zur Verfügung. Darin ist die Design-Vorlage enthalten; nutzen Sie sie, um Ihr eigenes, auf Ihre Schüler und Ihren Unterricht zugeschnittenes Workbook zu erstellen. Alles, was Sie dazu benötigen, ist PowerPoint. Sie finden die Vorlage unter: **https://goo.gl/1htYsG**

Alle hier vorgestellten Ausschneidevorlagen finden Sie als Kopiervorlagen-Download unter www.halbtagsblog.de – Downloads – Weiteres.

Eine abschließende Bemerkung:
Dieses Buch ist aus der Unzufriedenheit über meinen eigenen Unterricht entstanden. Es hat nicht den Anspruch, ein didaktisches Werk vom Schlage eines Hilbert Meyer zu werden, möchte aber trotzdem mehr sein, als eine Sammlung von Aufgabenblättern.
Am Ende, so hoffe ich, werden Sie nicht das Gefühl haben, Zeit und Geld verschwendet zu haben. Nichts von dem, was hier steht, soll als pädagogischer Stein der Weisen aufgefasst werden. Ich möchte kein Standardwerk aufsetzen, sondern Anregungen vermitteln. Manches wird Ihnen ungelenk und pädagogisch fragwürdig erscheinen. Lassen Sie sich inspirieren und dann zerpflücken Sie dieses Buch, passen Sie das Gelesene Ihrer Schule, Ihren Schülern und Ihren Vorlieben an. Verwerfen Sie, was Ihnen blöd erscheint und erweitern Sie, was Ihnen gefällt.
Wie viele andere Menschen auch, strebe ich nach Arbeitserleichterung – und wenn Sie einen ganz subjektiven Anreiz dafür brauchen, dieses Workbook auszuprobieren, dann sei es dieser: Die Arbeit mit diesem Buch hat mir eine große Sicherheit und Klarheit in meinem eigenen Unterricht verschafft. Ich kämpfe mich nicht mehr von Stunde zu Stunde, sondern weiß im September schon, wo ich im April hinmöchte.

Am Ende, so hoffe ich, wird Ihnen das Fach Hauswirtschaft genauso viel Freude bereiten, wie mir.

Gutes Gelingen!

Siegen, August 2017 Riza Kara.

# Der Küchenführerschein

# Übersicht

# Unsere Schulküche

1.1

Es gibt sehr viele unterschiedliche Küchen. Gastronomie Küchen in einem Restaurant oder Hotel sind anders aufgebaut als eure Küche zuhause. Auch die Schulküche unterscheidet sich von den genannten Küchen. Der Aufbau einer Küche ist ganz wichtig und immer mit dem Zweck verbunden, den die Küche erfüllen soll.
Eure Schulküche ist dafür da, um zu lernen und im Team zusammen zu arbeiten, deshalb befinden sich in den meisten Schulküchen mehrere Kochkojen. In den meisten Küchen sind unterschiedliche Symbole angebracht, Beispielsweise Sicherheitshinweise oder Hygieneregeln. In eurer Schulküche werdet ihr bestimmt auch unterschiedliche Symbole und Regeln finden.

1. Erkunde mit einem Partner eure Schulküche. Beschreibe dabei ganz genau den Aufbau eurer Schulküche.
    - Wo stehen beispielsweise Elektrogeräte: Kühlschrank, Spülmaschine.....
    - Wie viele Kochkojen gibt es?
    - Hängen Symbole aus? Welche Bedeutung haben diese?

2. Skizziert den Grundriss eurer Schulküche und beschriftet eure Skizze. Die Skizze sollte euch ermöglichen, jemand Fremdem eure Küche vorzustellen.

## Unsere Schulküche:

# Unsere Schulküche

# 1.2

Es soll ja Sterneköche geben, die nur an ihrem eigenen Herd in ihrer eigenen Küche perfekt kochen können. Dieses Problem haben nicht nur Sterneköche, sondern auch viele andere Hobbyköche und Küchenprofis. Als Grund wird oft die Ordnung, bzw. der Platz der Küchenwerkzeuge genannt. Denn die eigene Küche kennt man sehr gut, weil man hier schon oft gekocht hat. Man weiß genau, in welchen Schubläden die Messer und in welchen Schränken die Töpfe liegen, wenn man natürlich vorher alles ordentlich an seinen richtigen Platz geräumt hat. In einer fremden bzw. unordentlichen Küche muss man oft die richtigen Küchenwerkzeuge zur Speisenherstellung suchen. Das kostet nicht nur Zeit sondern auch sehr viel Geduld. Deshalb ist es ganz wichtig, eure Kochkoje und auch die richtigen Bezeichnungen der vielen Küchenwerkzeuge und Küchengeräte wirklich gut zu kennen.

Schreibe unten in der Tabelle auf, welche Küchenwerkzeuge und Küchengeräte du schon kennst und wofür du sie einsetzen kannst.

| **Küchenwerkzeug** | **Damit kann ich....** |
|---|---|
| | |
| | |
| | |
| | |
| | |
| | |
| | |
| | |
| | |
| | |
| | |
| | |
| | |
| | |
| | |
| | |

# Unsere Schulküche

## 1.3

Erkunde mit einem Partner eure Schulküche und eine Kochkoje nach Küchenwerkzeugen und Küchengeräten. Legt in der Kochkoje alle Küchenwerkzeuge, die unten abgebildet sind, auf die Arbeitsplatte. Schreibt unten neben die Abbildungen die richtigen Namen und sortiert sie anschließend wieder in der richtigen Schränke und Schubläden.

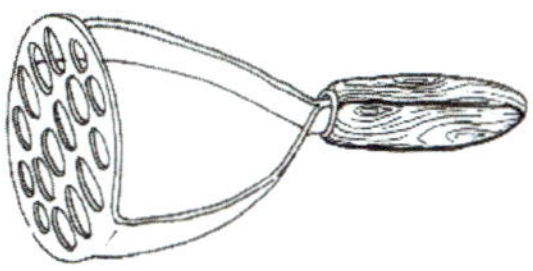

Kartoffelstampfer

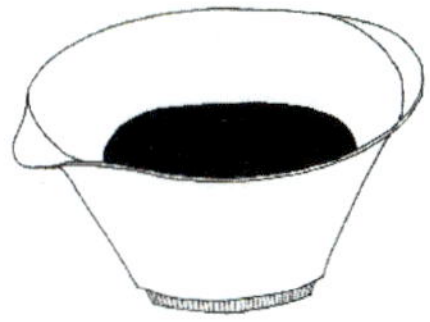

Schüssel

Nudelholz

Schöpfkelle

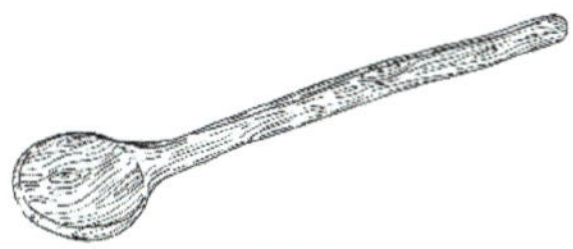

Kochlöffel

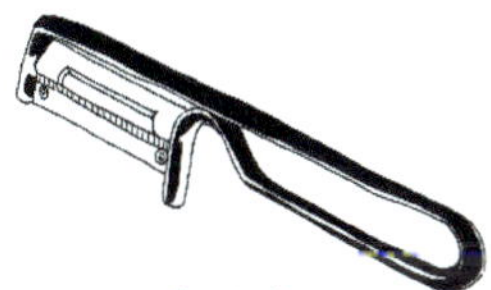

Sparschäler

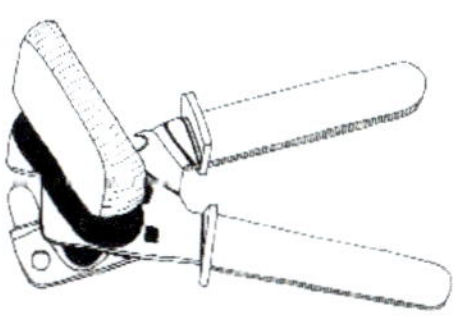

Dosenöffner

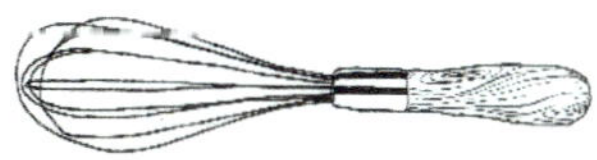

Schneebesen

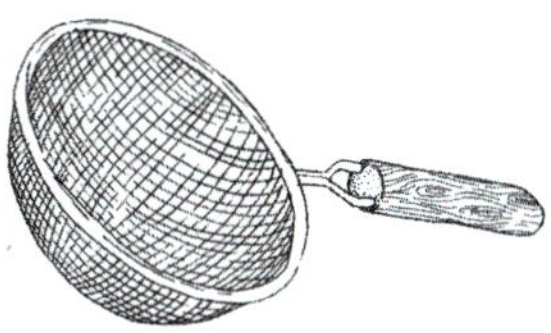

Sieb

Handrührgerät

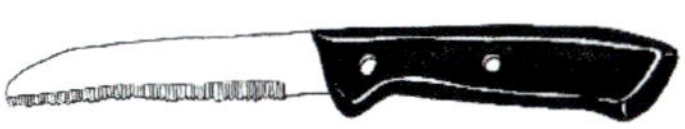

Schneidemesser

# Unsere Schulküche

1.3

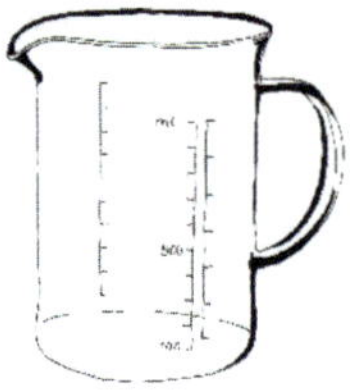

Messbecher

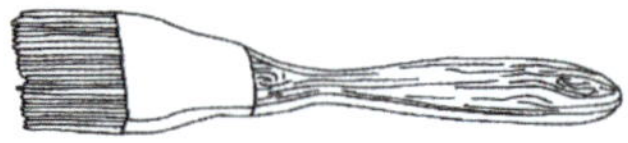

Backpinsel

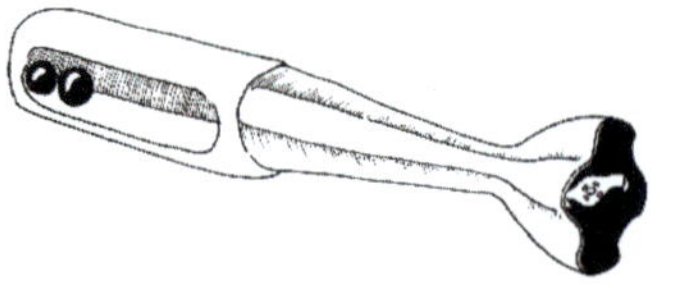

Pürierstab

Kochtopf

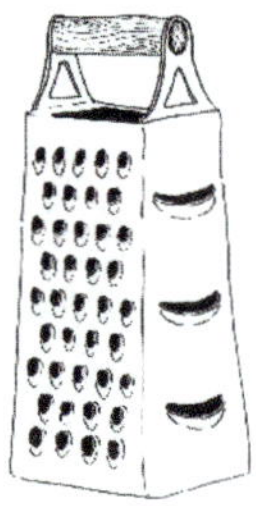

Küchenreibe

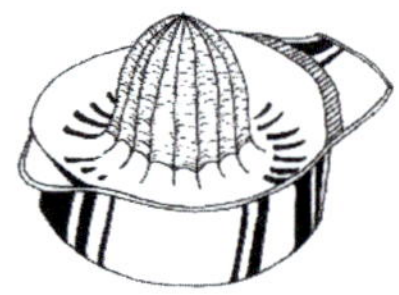

Zitronenpresse

Wasserkocher

Küchenwaage

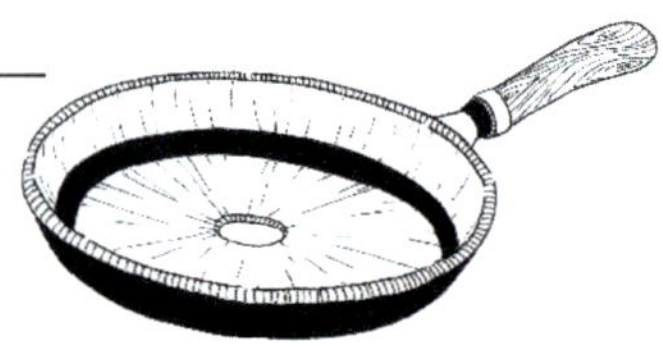

Bratpfanne

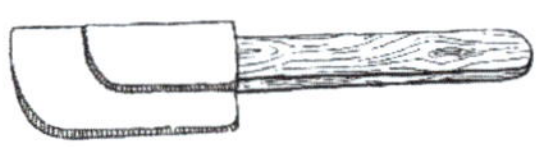

Teigschaber

# Unsere Schulküche

## 1.3

Eierkocher

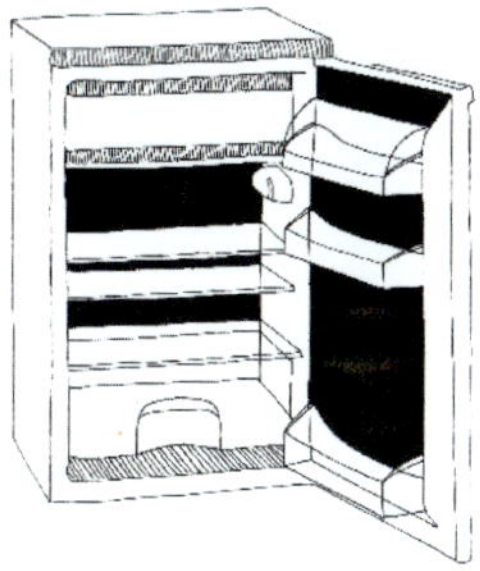

Kühlschrank

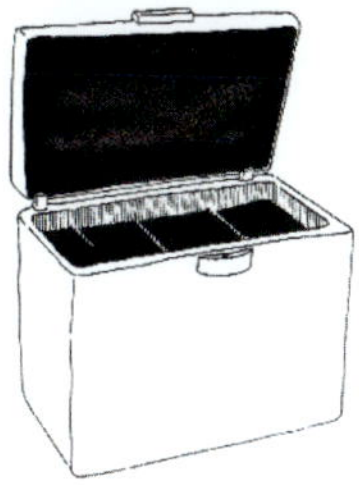

Gefriertruhe

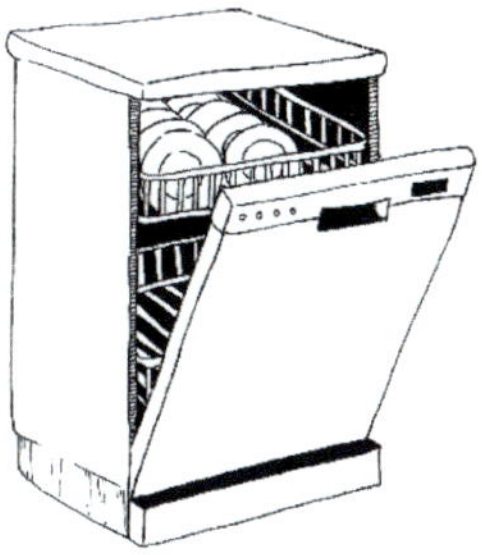

Küchenreibe

Wasserkocher

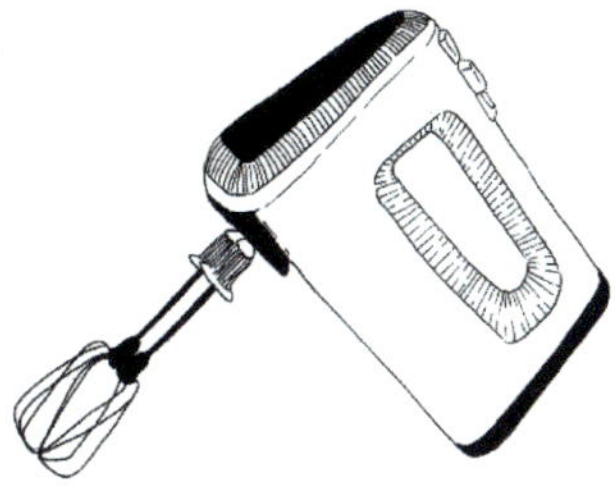

Handrührgerät

Herd

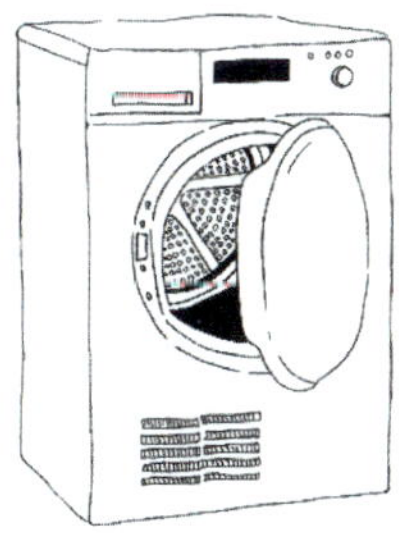

Wäschetrockner

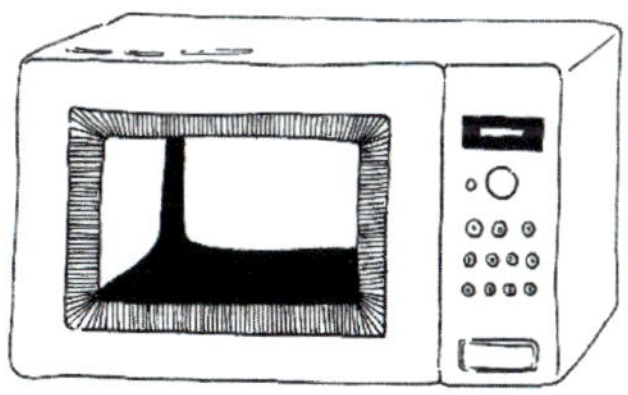

Mikrowelle

Waschmaschine

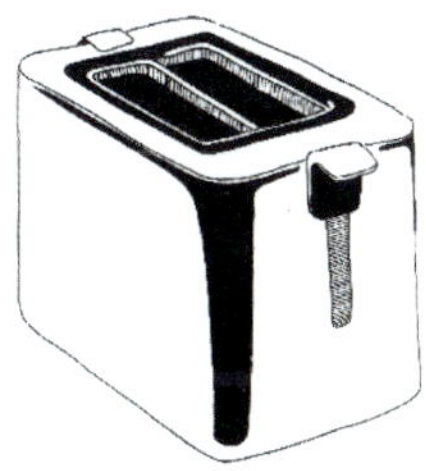

Toaster

# Rezept: Johannisbeerschorle

# 1.4

**Zutaten:**

½ l Johannisbeersaft
1 l Mineralwasser
1 Zitrone
Strohhalme

**Zubereitung:**

1. Die Zutaten in eine hohe Schüssel geben und mit einem Löffel umrühren.
2. Zitronen in Scheiben schneiden und hinzufügen.
3. Die fertige Beerenschorle auf 4-5 Gläser verteilen.

Auf der nächsten Seite findet ihr eine Vorlage, um das Rezept umzusetzen. Schreibt genau auf, wer welchen Teil übernimmt. In der Mitte habt ihr die Möglichkeit, ein eigenes Bild, das ihr mit eurem Handy geschossen habt, einzufügen.

Rezept: Johannisbeerschorle | 1.4

Bild

| Zutat | Geräte | Arbeitsschritte | Wer macht was? |
|---|---|---|---|
| | | | |
| | | | |
| | | | |
| | | | |
| | | | |
| | | | |

# Küchenwerkzeuge I

1.5

Ordne die folgenden Begriffe richtig zu. Was kann man mit dem Besteck alles essen? Schreibe kurze Sätze in die leeren Zeilen. Beispiel: **Mit einer Gabel kann ich Spaghetti essen.**
**Mit einem Buttermesser kann ich ein Butterbrot schmieren.**

**Gabel** **Esslöffel** **Buttermesser** **Kuchengabel** **Teelöffel**

# Küchenwerkzeuge II

1.5

Kuchenschaufel

Fleischgabel

Schöpflöffel

Beilagen-Löffel

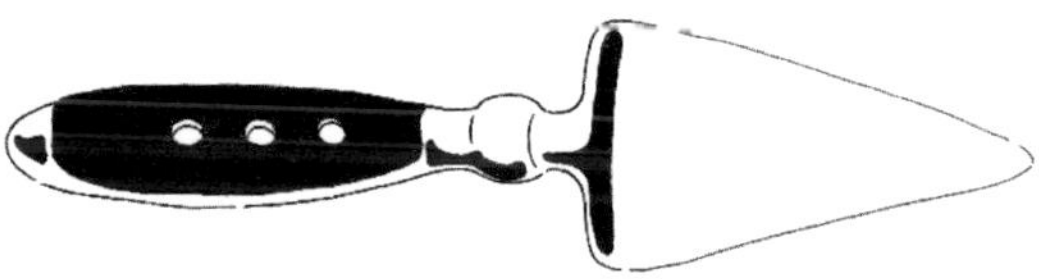

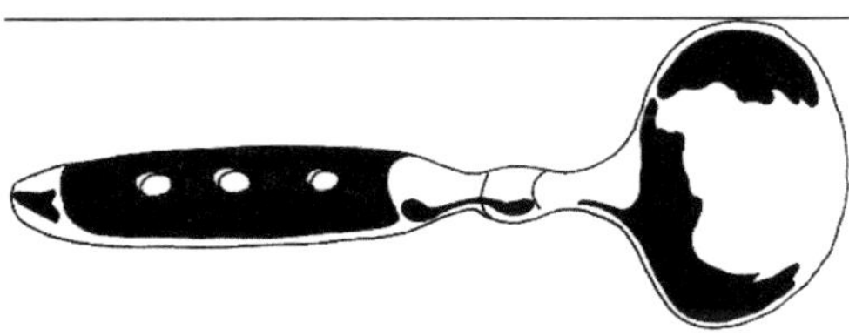

# Küchenwerkzeuge III

**1.5**

**Schneebesen** **Schneidemesser** **Nudelholz** **Teigschaber** **Sparschäler** **Pfannenwender**

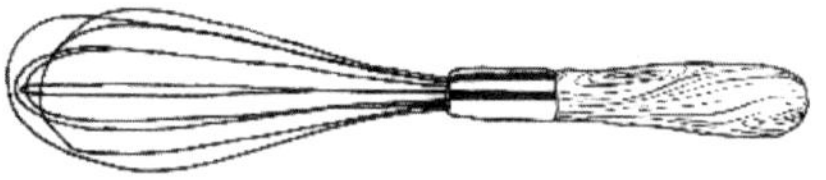

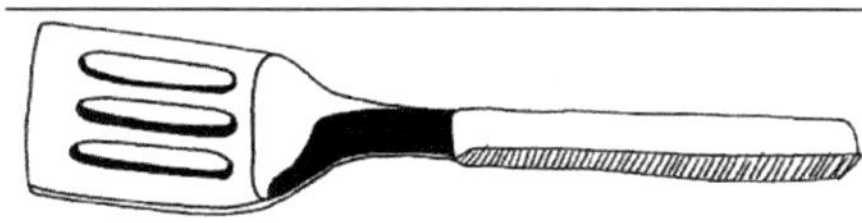

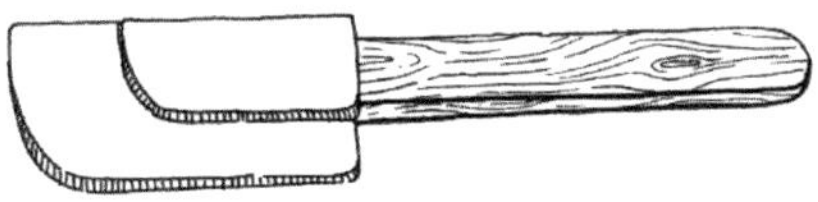

# Übung: Küchenwerkzeuge

1.6

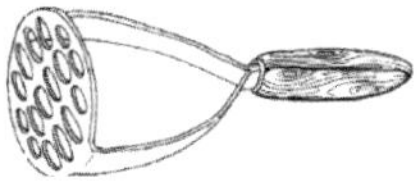

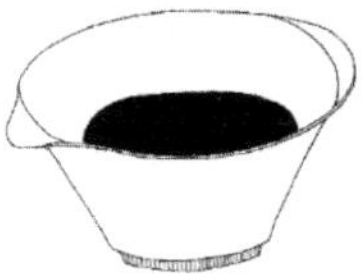

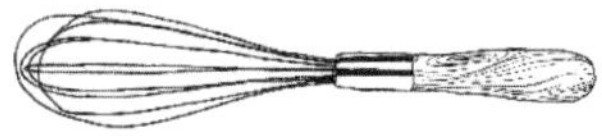

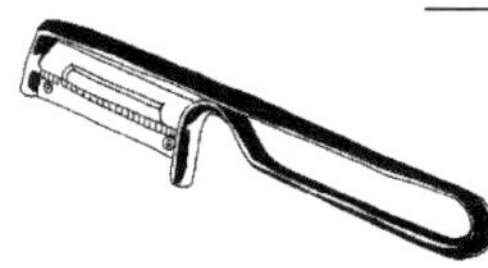

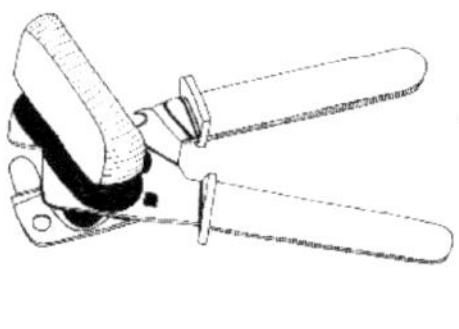

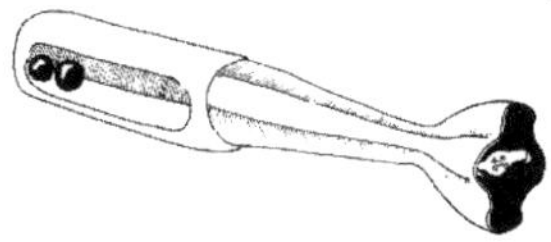

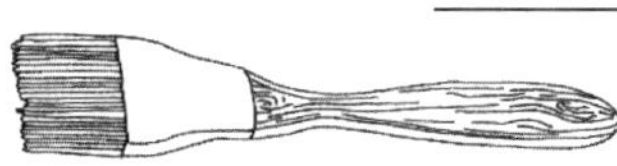

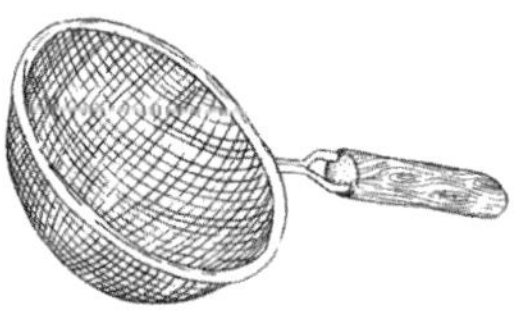

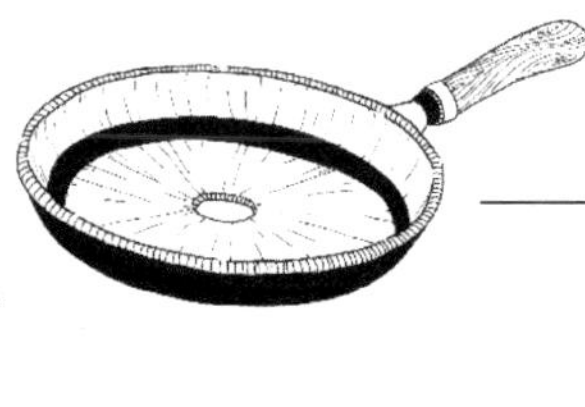

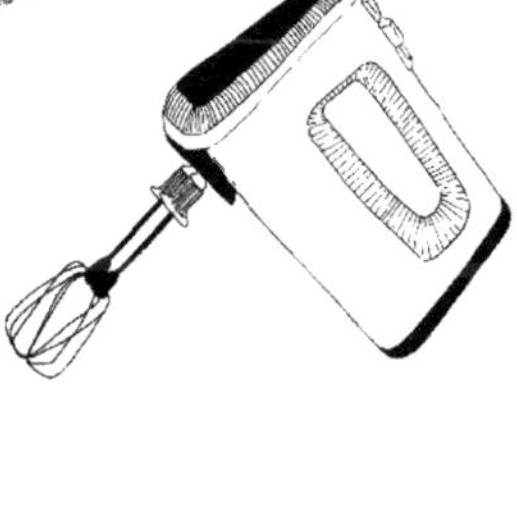

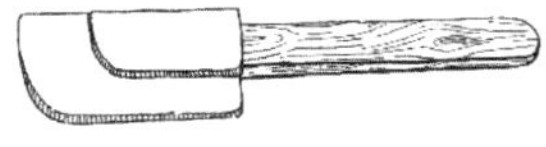

# Rezept: Sandwichspieße

1.7

**Zutaten:**

8 Scheiben Vollkorntoast
1 Päckchen Frischkäse
2 Teelöffel gehackte Kräuter (Basilikum, Petersilie)
¼ Kopf Eisbergsalat
4 Cocktailtomaten
½ Gurke
4 Zahnstocher

**Zubereitung:**

1. Die Toastscheiben auf ein Brettchen legen und mit einem Messer die Kruste abschneiden.
2. Die Scheiben von oben und unten mit Frischkäse bestreichen (außer die unterste und oberste Scheibe).
3. Kräuter auf einem Brettchen fein hacken und auf die bestrichenen Toastscheiben verteilen.
4. Salat waschen, trockentupfen und die Toastscheiben damit belegen.
5. Tomaten waschen und in dünne Scheiben schneiden und den Toast ebenfalls damit belegen.
6. Die halbe Gurke waschen und in Scheiben schneiden und den Toast ebenfalls damit belegen.
7. Das Sandwich jeweils vierteln und in jedes Viertel einen Zahnstocher stecken.

Auf der nächsten Seite findet ihr eine Vorlage, um das Rezept umzusetzen. Schreibt genau auf, wer welchen Teil übernimmt. In der Mitte habt ihr die Möglichkeit, ein eigenes Bild, das ihr mit eurem Handy geschossen habt, einzufügen

## Rezept: Sandwichspieße

**1.7**

Bild

| Zutat | Geräte | Arbeitsschritte | Wer macht was? |
|---|---|---|---|
| | | | |
| | | | |
| | | | |
| | | | |
| | | | |
| | | | |

# Wir kochen im Team!

# 1.8

Unten auf dem Bild ist ein Paar abgebildet, das gemeinsam gekocht hat. Viele Menschen kochen oft und gerne zusammen. Wichtig dabei ist, eine Menge Spaß zu haben und sich gegenseitig zu helfen. Kochen macht Spaß, wenn man sich gegenseitig hilft und sich die Arbeit beim Kochen teilt. Wenn man sich die Arbeit teilt, geht auch alles viel schneller. Das Gemüse ist fix klein geschnitten, der passende Topf steht auf dem Herd und nebenher ist auch noch Zeit, Küchenwerkzeuge wegzuräumen, die nicht mehr benötigt werden. Im Team geht alles viel schneller, auch in der Schulküche ist es wichtig, im Team zusammenzuarbeiten. So habt ihr Spaß und seid schneller beim Kochen. Dann gelingt euch ganz sicher jedes Gericht!

1. Überlege zunächst alleine, welche Aufgaben beim Kochen innerhalb eurer Gruppe entstehen.

2. Vergleicht anschließend eure Überlegungen mit den Überlegungen eures Partners. Wie würdet ihr vorgehen, damit nach dem Zubereiten einer Speise kein Chaos entsteht?

3. Erstellt auf einem Plakat einen Gruppen-Plan für eure Tischgruppe. Jeder aus eurer Gruppe bekommt eine Aufgabe. **Beispielsweise: Peter bringt während und nach dem Kochen den Müll weg.** Präsentiert anschließend eurer Klasse, wie ihr im Team in Zukunft die Aufgaben verteilen wollt. Die Aufgaben können natürlich jedes Mal wechseln.

# Wir kochen im Team!

1.8

Damit nicht immer der Gleiche spülen oder den Tisch wischen muss, könnt ihr euch mit den Teamkarten ganz leicht in eurer Gruppe helfen.
Holt euch vom Pult vorne eine Kopiervorlage für eure Gruppe, schneidet die Kärtchen aus und malt sie schön bunt an.

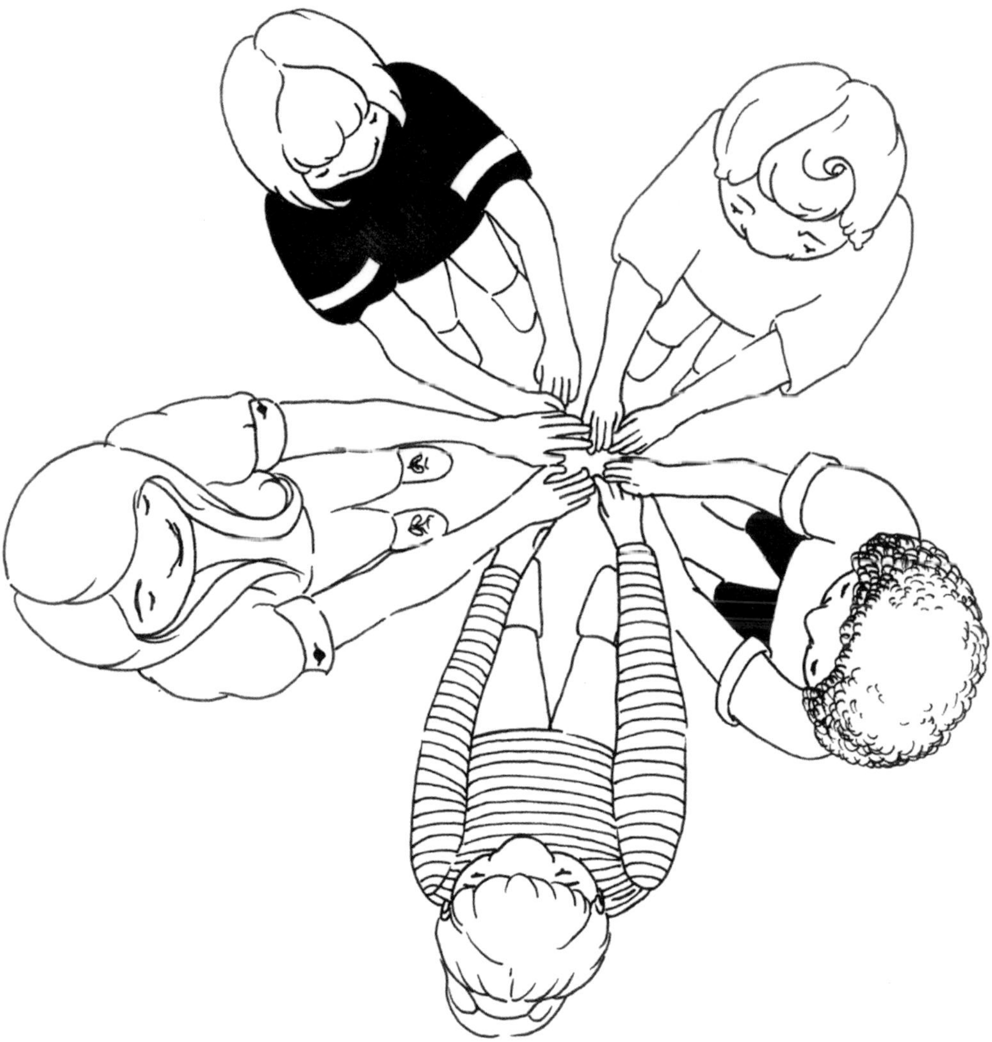

# Wir kochen im Team!

## 1.8

Es bietet sich an, die angemalten Karten hinterher wieder einzusammeln und zu laminieren. Zukünftig werden sie beim Kochen ausgeteilt, so dass jeder Schüler um seine Aufgabe weiß und die Gruppe als ganzes keinen Teilbereich vergisst und sich gegenseitig erinnert.

### Spüldienst

- Alle benutzten Küchenwerkzeuge und Geschirr spülen.

### Trockendienst

- Dem Spüldienst helfen, abtrocknen und alle benutzten Sachen ordentlich in die Schränke und Schubladen einsortieren.

### Mülldienst

- Den Müll von eurer Kochgruppe einsammeln und entsorgen. Frage deinen Lehrer/in, welche Tonne die richtige ist.

### Saubermachdienst

- Die Arbeitsplatte und den Tisch eurer Gruppe abwischen und sauber machen.

# Rezept: Blätterteigtaschen

# 1.9

**Zutaten:**

8 kleine Scheiben Tiefkühlblätterteig
125g Tk-Rahmspinat
1 Päckchen Frischkäse (250g)
8 Cocktailtomaten
Backpapier
1 Ei

**Zubereitung:**

1. Von den Blätterteigscheiben die Folie abziehen. Die Scheiben in 8 gleich große Stücke schneiden.
2. Den tiefgekühlten Spinat jeweils auf der Hälfte der Blätterteigscheiben verteilen. Den Käse zerkleinern und über den Spinat streuen. Die Tomaten vierteln und dazugeben.
3. Den Teig zu Dreiecken zusammenklappen und die Ränder mit einer Gabel festdrücken.
4. Ein Backbleich mit Backpapier auslegen und die Blätterteigtaschen darauflegen.
5. Die Blätterteigtaschen mit Eigelb bestreichen und im Ofen bei 180°C Umluft backen.

Auf der nächsten Seite findet ihr eine Vorlage, um das Rezept umzusetzen. Schreibt genau auf, wer welchen Teil übernimmt. In der Mitte habt ihr die Möglichkeit, ein eigenes Bild, das ihr mit eurem Handy geschossen habt, einzufügen.

# Rezept: Blätterteigtaschen

1.9

Bild

| Zutat | Geräte | Arbeitsschritte | Wer macht was? |
| --- | --- | --- | --- |
| | | | |
| | | | |
| | | | |
| | | | |
| | | | |
| | | | |

# Hygiene I

1.10

Verbinde sinnvoll und mit Lineal und schreibe auf der nächsten Seite die richtigen Sätze neben die Abbildungen.

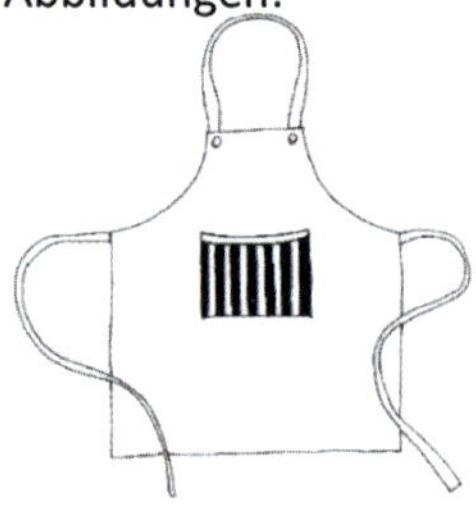

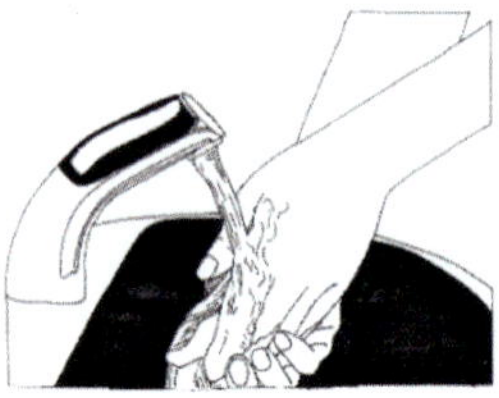

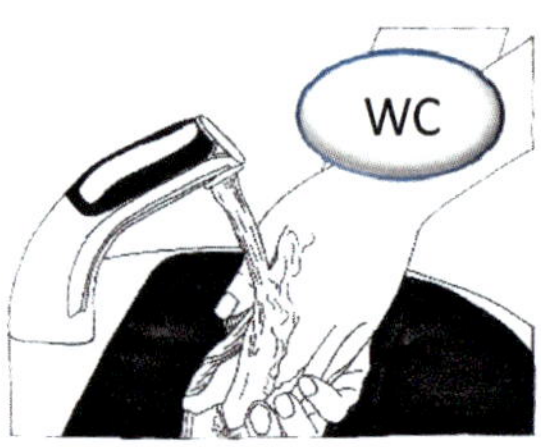


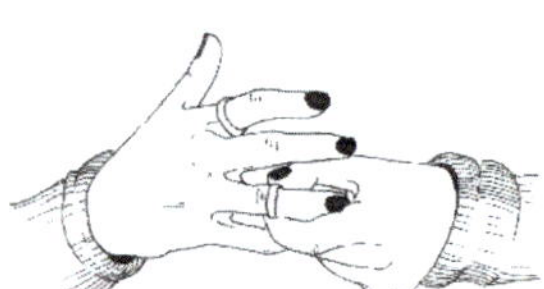

Hände vor dem Kochen waschen

Nach dem Toilettengang die Hände Waschen

Schürze tragen

Schmuck ablegen

Haare zusammenbinden

Wunden verbinden

# Hygiene I



Schreibe hier auf.

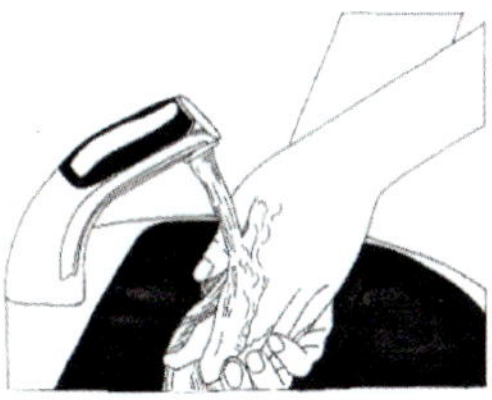

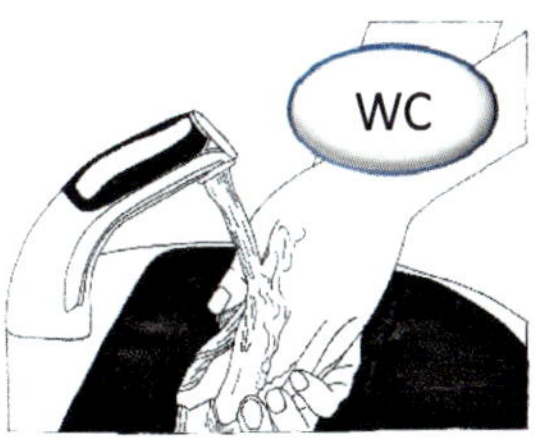


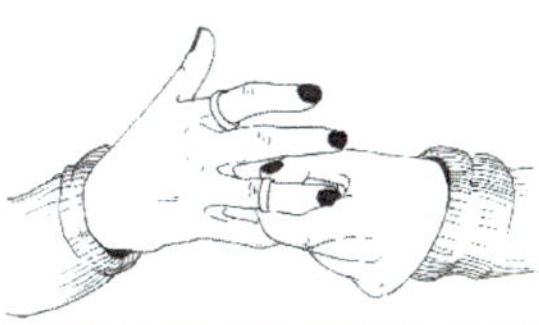

# Hygiene II

1.10

Unten in dem Kasten sind Hygienemaßnahmen versteckt. Suche alle heraus und schreibe sie auf der nächsten Seite auf.

| | | | | | | | | | | | | | | | | |
|---|---|---|---|---|---|---|---|---|---|---|---|---|---|---|---|---|
| Ä | D | W | E | M | K | L | Z | B | S | W | E | P | U | B | S | H |
| F | G | G | T | Z | W | A | D | S | C | E | D | R | K | F | F | A |
| H | Ä | N | D | E | W | A | S | C | H | E | N | O | R | O | Ü | A |
| N | H | U | I | O | U | E | K | H | Ü | E | W | B | E | U | R | R |
| U | R | W | I | A | N | Ä | Ü | M | R | E | R | I | B | N | T | E |
| W | E | M | Ü | P | D | M | M | U | Z | L | K | E | P | P | L | Z |
| R | T | Z | M | Q | E | Ü | Q | C | E | M | Q | R | M | Ö | Ä | U |
| Ü | E | R | W | E | V | V | K | K | T | L | T | L | Ö | E | I | S |
| Ö | V | T | R | R | E | Ä | I | A | R | T | P | Ö | Ü | T | Ä | A |
| W | Ü | E | M | M | R | T | H | B | A | N | J | F | F | F | M | M |
| E | R | T | Z | U | B | I | K | L | G | G | H | F | F | R | M | M |
| Ü | X | C | G | Ä | I | Z | E | E | E | E | J | E | R | R | H | E |
| T | W | V | I | U | N | K | G | G | N | N | Ä | L | T | Ö | V | N |
| J | K | B | O | E | D | G | E | E | P | T | E | B | E | J | B | B |
| K | L | N | H | F | E | D | N | N | U | B | Ü | E | W | U | T | I |
| L | N | M | T | F | N | R | M | Ö | R | H | Ö | N | U | T | Z | N |
| Ö | U | W | E | G | P | T | U | Ä | E | E | S | U | I | E | E | D |
| Z | Z | E | D | B | Z | I | I | T | F | W | W | T | K | R | R | E |
| C | T | T | S | X | U | O | O | E | W | R | E | Z | G | D | N | N |
| B | E | Z | W | C | E | Ü | P | R | G | W | G | E | H | F | R | N |
| W | R | M | V | Z | W | L | Ü | W | J | E | J | N | D | T | T | E |

# Hygiene II

1.10

Schreibe hier auf.

# Hygiene II

# 1.10

Verbinde sinnvoll und schreibe auf der nächsten Seite die richtigen Sätze neben die Abbildungen.

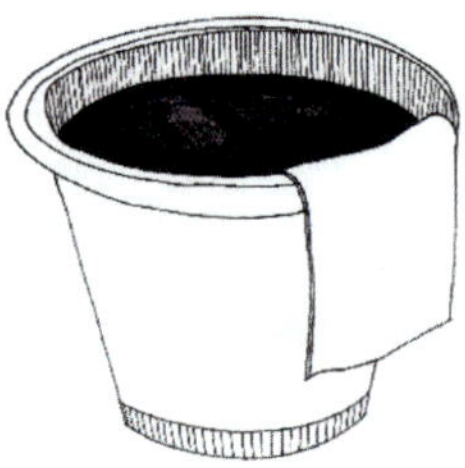

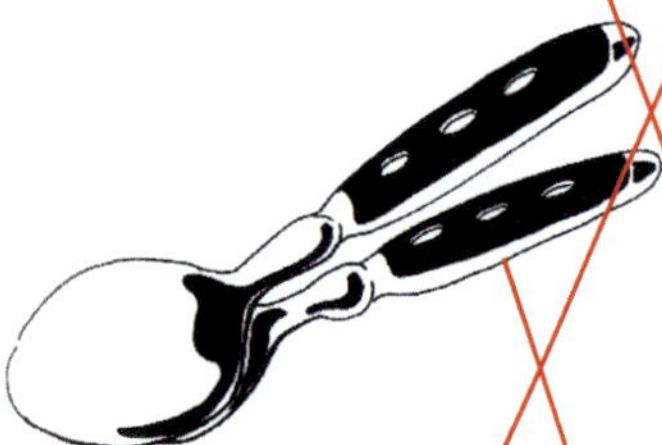

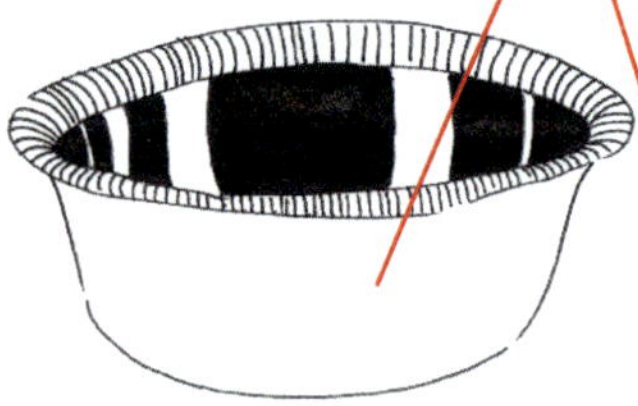

Bakterien keine Chance.

Um Chaos zu vermeiden, immer Abfallschüssel benutzen.

vermehren sich Bakterien.

Den Arbeitsplatz auch zwischen durch mit einem nassen Tuch abwischen.

Saubere Tücher und Lappen benutzen

Mehrere Probierlöffel benutzen

Sauberkeit gibt...

Ohne Hygiene...

# Hygiene II

1.10

Schreibe hier auf.

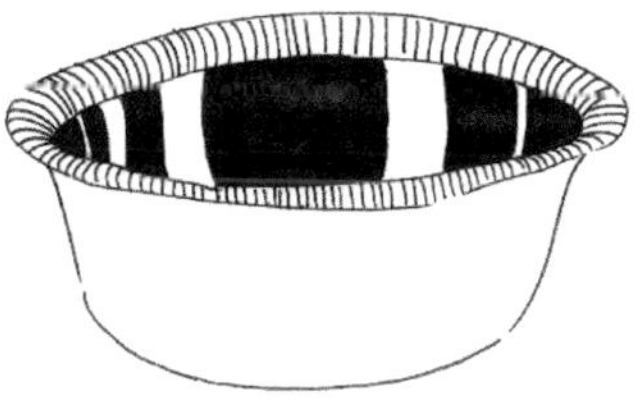

Sauberkeit gibt...

Ohne Hygiene...

# Rezept: Blätterteigtaschen

# 1.11

Probiere eine eigene Blätterteigtaschen und schreibe dein Rezept auf. Formuliere es so, dass jemand anders dein Rezept nachkochen kann.
Fotografiere das Ergebnis mit deinem Smartphone, drucke das Bild aus und klebe es neben dein Rezept.

**Zutaten:** ______________________________

______________________________

______________________________

**Zubereitung:** ______________________________

______________________________

______________________________

______________________________

______________________________

______________________________

______________________________

______________________________

Auf der nächsten Seite findet ihr eine Vorlage, um das Rezept umzusetzen. Schreibt genau auf, wer welchen Teil übernimmt. In der Mitte habt ihr die Möglichkeit, ein eigenes Bild, das ihr mit eurem Handy geschossen habt, einzufügen.

# Rezept: Blätterteigtaschen

1.11

Bild

| Zutat | Geräte | Arbeitsschritte | Wer macht was? |
|---|---|---|---|
| | | | |
| | | | |
| | | | |
| | | | |
| | | | |
| | | | |

# Küchenprofi – aber sicher!

# 1.12

1. Markiere in der unteren Abbildung alle Gefahrenquellen, die du findest, mit Nummern.
2. Trage in der Tabelle auf der nächsten Seite, die Nummern der Gefahrenquellen ein die du gefunden hast. Überlege dir zu jeder möglichen Gefahr eine Regel zur Unfallvermeidung und schreibe sie rechts daneben.
3. Vergleiche anschließend mit den Klassenkameraden.

# Küchenprofi – aber sicher!

## 1.12

Schreibe hier auf.

| | |
|---|---|
| | |
| | |
| | |
| | |
| | |
| | |
| | |
| | |
| | |
| | |
| | |
| | |
| | |
| | |
| | |

# Rezept: Erdbeercreme

# 1.13

**Zutaten:**

1 großes Päckchen Quark (500g)
1 Tasse Milch
eine halbe Schale Erdbeeren
evtl. eine Prise Zucker

**Zubereitung:**

Den Quark mit einem Schneebesen in einer großen Schüssel cremig rühren. Anschließend die Milch nach und nach hinzugeben.
Die Speise rühren bis sie cremig ist, und abschmecken. Anschließend in einer großen Glasschale oder in kleinen Glasschalen, bzw. Trinkgläsern anrichten.

**Das Rezept kann abgeändert werden durch:**

Zitronen- oder Orangensaft, Obst nach Wahl, geraspelte Schokolade, etc

Auf der nächsten Seite findet ihr eine Vorlage, um das Rezept umzusetzen. Schreibt genau auf, wer welchen Teil übernimmt. In der Mitte habt ihr die Möglichkeit, ein eigenes Bild, das ihr mit eurem Handy geschossen habt, einzufügen.

## Rezept: Erdbeercreme

**1.13**

Bild

| Zutat | Geräte | Arbeitsschritte | Wer macht was? |
|---|---|---|---|
| | | | |
| | | | |
| | | | |
| | | | |
| | | | |
| | | | |

# Rezept: Creme

## 1.14

Erfinde eine eigene Quarkspeise und schreibe dein Rezept auf. Formuliere es so, dass jemand anders dein Rezept nachmachen kann.
Fotografiere das Ergebnis mit deinem Smartphone, drucke das Bild aus und klebe es neben dein Rezept.

**Zutaten:** ______________________________

______________________________

______________________________

**Zubereitung:** ______________________________

______________________________

______________________________

______________________________

______________________________

______________________________

______________________________

______________________________

Auf der nächsten Seite findet ihr eine Vorlage, um das Rezept umzusetzen. Schreibt genau auf, wer welchen Teil übernimmt. In der Mitte habt ihr die Möglichkeit, ein eigenes Bild, das ihr mit eurem Handy geschossen habt, einzufügen.

# Rezept: Creme

1.14

Bild

| Zutat | Geräte | Arbeitsschritte | Wer macht was? |
|---|---|---|---|
| | | | |
| | | | |
| | | | |
| | | | |
| | | | |
| | | | |

# Richtig Spülen I

# 1.15

Das richtige Spülen ist keine große Kunst, trotzdem muss man auf viele kleine Dinge achten. Beispielsweise ist es wichtig, die richtige Wassertemperatur und das richtige Spülmittel zu benutzen. Das folgende Experiment soll euch das verdeutlichen.

Führt die Experimente in euer Kochgruppe durch. Kreuzt jeweils an, was ihr beobachten konntet und formuliert anschließend einen Merksatz für das richtige Spülen.

**Experiment I**

Füllt kaltes Wasser ohne Spülmittel in das Spülbecken und spült das fettige Geschirr. Was könnt ihr beobachten?

- [ ] Das Geschirr wird sauber und das Fett lässt sich sehr gut lösen.
- [ ] Das Geschirr wird nicht richtig sauber und das Fett lässt sich weniger gut lösen.
- [x] Das Geschirr wird gar nicht sauber und das Fett lässt sich sehr schlecht lösen.

**Experiment II**

Füllt heißes Wasser ohne Spülmittel in das Spülbecken und spült das fettige Geschirr. Was könnt ihr beobachten?

- [ ] Das Geschirr wird sauber und das Fett lässt sich sehr gut lösen.
- [x] Das Geschirr wird nicht richtig sauber und das Fett lässt sich weniger gut lösen.
- [ ] Das Geschirr wird gar nicht sauber und das Fett lässt sich sehr schlecht lösen.

**Experiment III**

Füllt heißes Wasser und einen **halben Teelöffel** Spülmittel in das Spülbecken und spült das fettige Geschirr. Was könnt ihr beobachten?

- [x] Das Geschirr wird sauber und das Fett lässt sich sehr gut lösen.
- [ ] Das Geschirr wird nicht richtig sauber und das Fett lässt sich weniger gut lösen.
- [ ] Das Geschirr wird gar nicht sauber und das Fett lässt sich sehr schlecht lösen.

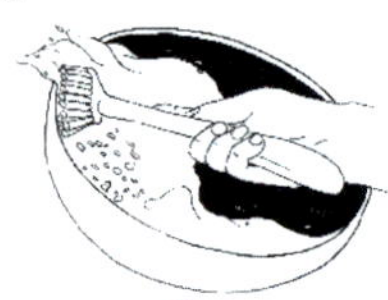

**Für das richtige Spülen gilt:**

Um Geschirr richtig zu spülen und es richtig sauber zu bekommen, ist es wichtig, heißes Spülwasser mit einem halben Teelöffel Spülmittel zu benutzen. Anschließend ist es wichtig, das Geschirr noch in lauwarmem klaren Wasser nachzuspülen.

# Richtig Spülen II

# 1.15

Für das richtige Spülen ist es hilfreich, eine Reihenfolge einzuhalten. Diese Reihenfolge hilft dir dabei, damit du nicht all zu oft das Spülwasser wechseln musst und schnell fertig wirst.

1. Überlegt in eurer Gruppe, welche Vorarbeiten nötig sind, damit das Spülwasser nicht so oft gewechselt werden muss.

2. Unten in der Abbildung seht ihr ein Spülbecken mit Geschirr. Beschriftet die Abbildung mit den richtigen Arbeitsgängen beim Spülen.

Das Geschirr im Lauwarmen klaren Wasser nachspülen.

Das Geschirr im heißen Spülwasser mit einem Schwamm oder einer Bürste abwaschen.

Das Geschirr abtropfen lassen und mit einem sauberen Trockentuch abtrocknen.

Das Geschirr vorbereiten. Speisereste entsorgen und und das Geschirr sortieren. Beispielsweise Teller stapeln, Bestecke in einem Gefäß Sammeln etc.

# Rezept: Wraps

1.16

**Zutaten:**

5 Weizenfladen
Cocktail-Tomaten
½ Eisbergsalat
1 Paprika
½ Pck. Frischkäse
1 Becher Saure Sahne
½ Tl Tomatenmark

**Zubereitung:**

1. Den Salat vorbereiten. Die Blätter aber nicht klein zupfen, sondern im Ganzen auf einen Teller legen.
2. Die Paprika unter fließendem Wasser waschen und in Streifen schneiden. Die Streifen in ein Schälchen legen.
3. Den Frischkäse in eine kleine Schüssel geben. Die saure Sahne und das Tomatenmark dazugeben und mit einem Schneebesen gut umrühren.
4. Ca. 1 EL Frischkäsefüllung auf den Fladen streichen, das Gemüse darauf verteilen, den Wrap einrollen und in die Serviette einwickeln.

Auf der nächsten Seite findet ihr eine Vorlage, um das Rezept umzusetzen. Schreibt genau auf, wer welchen Teil übernimmt. In der Mitte habt ihr die Möglichkeit, ein eigenes Bild, das ihr mit eurem Handy geschossen habt, einzufügen.

# Rezept: Wraps

1.16

Bild

| Zutat | Geräte | Arbeitsschritte | Wer macht was? |
|---|---|---|---|
| | | | |
| | | | |
| | | | |
| | | | |
| | | | |
| | | | |

# Der kleine Küchenführerschein

## Du bist schon ein kleiner Küchenprofi!

**Name:**

- Du kannst verschiedene Geräte in der Küche bedienen und kennst dich gut in der Küche aus.
- Du richtest deinen Arbeitsplatz in der Schulküche selbstständig ein.
- Du vermeidest Unfälle, weil du genau weißt, worauf du in der Küche achten musst.
- Du kennst dich mit Hygiene aus und weißt genau, was vor und während dem Kochen zu beachten ist.
- Du kannst selbstständig abwaschen und weißt genau, wie man das Geschirr von Fett befreien kann.
- Du kennst viele tolle Rezepte und kannst sie eigenständig umsetzen.

**Unterschrift Lehrer/in:**

# Wann essen wir eigentlich?

**2.1**

Erstelle mit deinem Partner eine Mindmap. Schreibt auf, wann Menschen eigentlich essen. Stellt euch dabei eine gewohnte Situation bei Freunden oder eurer Familie vor.

# Wann essen wir eigentlich?

# 2.1

Vom ersten Lebenstag an nehmen wir Nahrung auf. Gesundes und Ungesundes, Schmackhaftes und weniger Leckeres. Mit dem Fach Hauswirtschaft sollst du dir den Vorgang des Essens und Kochens bewusster machen.
Versuche es zu Beginn mit einer kleinen Phantasiereise: Stelle dir eine Situation vor, in der du jetzt gerne etwas essen würdest. Was würdest du essen? Mit wem? In welchem Raum und welcher Umgebung wäre das?
Skizziere unten ein Bild oder schreibe eine kurze Geschichte dazu.

*Für Schüler ist diese Übung ein sanfter Einstieg in das Thema, um miteinander ins Gespräch zu kommen.*
*Die Kinder denken über Situationen nach, in denen ihnen Essen besonders viel oder aber überhaupt keinen Spaß gemacht hat und können sich dazu äußern. Der Lehrer erfährt so womöglich einiges über die häusliche Situation bei den Kindern – wer isst mit den Eltern zu Mittag? Wer muss sich sein Frühstück womöglich selbst zubereiten?*

# Wann essen wir eigentlich?

2.1

**Mir schmeckt eine Mahlzeit besonders gut, wenn...**

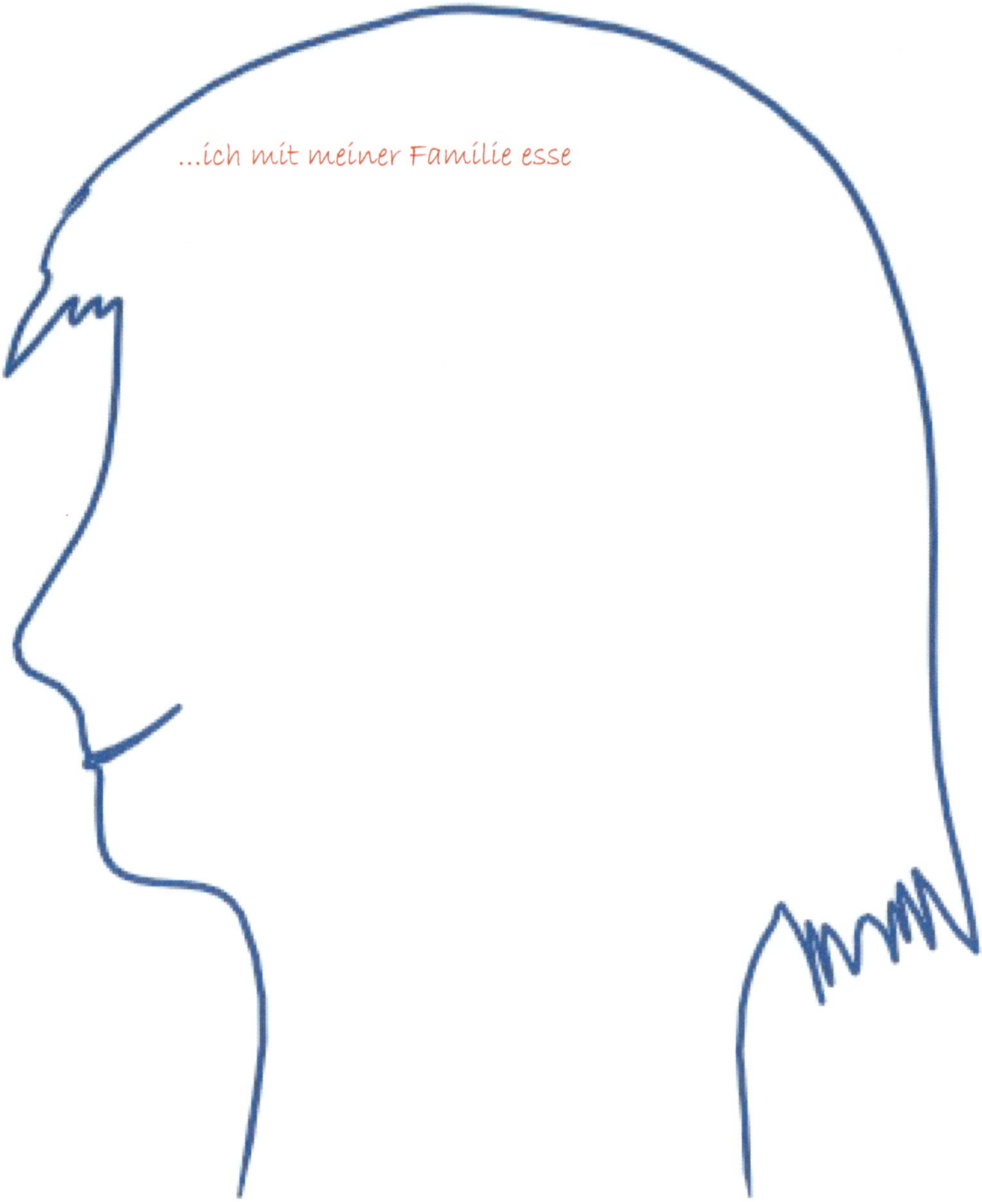

# Wann essen wir eigentlich?

## 2.1

**Mir schmeckt eine Mahlzeit gar nicht, wenn…**

# Rezept: Nudeln mit Soße

# 2.2

**Zutaten:**

1 Zwiebel
250 g Rindergehacktes
1 Esslöffel Öl
Knapp 1 Tl Salz
Pfeffer
Paprikapulver
1 große Dose geschälte Tomaten
2 Esslöffel Tomatenmark
1 Teelöffel Oregano
250 g Spagetti oder andere Nudeln

**Zubereitung:**

Die Zwiebeln abziehen und in feine Würfel schneiden.
Das Öl in einer Pfanne erhitzen, Hackfleisch dazugeben und krümelig anbraten. Die Zwiebelwürfel zugeben und glasig dünsten. Alles mit den Gewürzen abschmecken.
Dann die Tomaten dazugeben. Die Tomaten in der Pfanne zerdrücken. Die Hackfleischsoße bei schwacher Hitze 15 – 20 Minuten garen. Die Nudeln nach Packungsanweisung zubereiten und mit der Soße servieren.

Auf der nächsten Seite findet ihr eine Vorlage, um das Rezept umzusetzen. Schreibt genau auf, wer welchen Teil übernimmt. In der Mitte habt ihr die Möglichkeit, ein eigenes Bild, das ihr mit eurem Handy geschossen habt, einzufügen.

# Rezept: Nudeln mit Soße

2.2

Bild

| Zutat | Geräte | Arbeitsschritte | Wer macht was? |
|---|---|---|---|
| | | | |
| | | | |
| | | | |
| | | | |
| | | | |
| | | | |

# Esssituationen raten?!

# 2.3

Holt euch vom Lehrerpult die Kopiervorlage und schneidet die unten abgebildeten Karten aus.

Schokoriegel in der großen Pause

Popcorn im Kino

Sandwich im Auto bei langer Fahrt

Festliches Essen im Restaurant

Salatbuffet beim Straßenfest

Mittagessen am Familientisch

Wurst grillen im Wald

Chips vor dem Fernseher

Picknick auf Wolldecke

Kuchen am Geburtstag

Döner am Schnellimbiss

Hamburger und Pommes bei McDonald's

# Esssituationen raten?!

# 2.3

**Spielanleitung:**

1. Teilt eure Klasse in zwei Gruppen auf.
2. Findet einen Namen für eure Gruppe – er soll ein Gemüse oder ein Küchenwerkzeug enthalten, z.B. „die lustigen Gurken“ oder „die mutigen Kartoffelschäler“.
3. Ein Schüler der ersten Gruppe beginnt das Spiel. Er bekommt vom Lehrer eine Karte mit einer Esssituation gezeigt. Der Schüler liest die Karte leise und allein.
4. Anschließend stellt er die Situation pantomimisch dar, das bedeutet, ohne Worte oder Geräusche. Ein Schüler der anderen Gruppe wird Zeitwächter.
5. Die Mitspieler beider Gruppen dürfen jetzt raten. Es gilt, zu erraten, **was** gegessen wird und **wo** dies geschieht. Diejenige Gruppe, welche zuerst die Situation errät, erhält einen Punkt.
6. Ist die Zeit abgelaufen, bevor eine Gruppe punkten konnte, beendet der Lehrer die Runde.
7. Anschließend ist ein Schüler der anderen Gruppe an der Reihe. Zeitwächter ist diesmal jemand aus der ersten Gruppe.

# Warum essen wir eigentlich?

## 2.4

Überlege und schreibe dann in die Sprechblasen, welche Esssituationen die Kinder nennen würden.

Ich
(hier ist Platz
für dein Foto)

# Wie esse ich eigentlich?

## 2.5

Trage unten in die Tabelle eine Woche lang jedes Lebensmittel ein, das du gegessen bzw. getrunken hast.
Schreibe I für Hauptmahlzeit und II für Zwischenmahlzeit.
**Beispiel: I Spaghetti Bolognese; II Apfel; I Kartoffelauflauf; II Banane**

Eine Zwischenmahlzeit ist eine kleine Mahlzeit, zwischen dem Frühstück und dem Mittagessen oder dem Mittagessen und dem Abendessen.

| Montag | Dienstag | Mittwoch | Donnerstag | Freitag |
|---|---|---|---|---|
| | | | | |
| | | | | |
| | | | | |
| | | | | |
| | | | | |
| | | | | |
| | | | | |

# Die Ernährungspyramide

# 2.6

Ordne die angegebenen Kategorien der Lebensmittelpyramide auf der nächsten Seite zu. Schreibe sie dazu in die leeren Zeilen.

**Kategorien:**

**Süßigkeiten**
**Zuckerreiche Getränke**
**Salzige Knabbereien**

**Fette**
**Nüsse**

**Milch und Milchprodukte**
**Fisch, Fleisch, Eier**

**Getreideprodukte**
**Kartoffeln**

**Obst und Gemüse**

**Wasser und ungesüßte Getränke**

# Die Ernährungspyramide

## 2.6

Schneide die Lebensmittelkarten aus und klebe sie zu der zugehörigen Kategorie auf der Lebensmittelpyramide.

**Lebensmittelkarten:**

# Die Ernährungspyramide

2.6

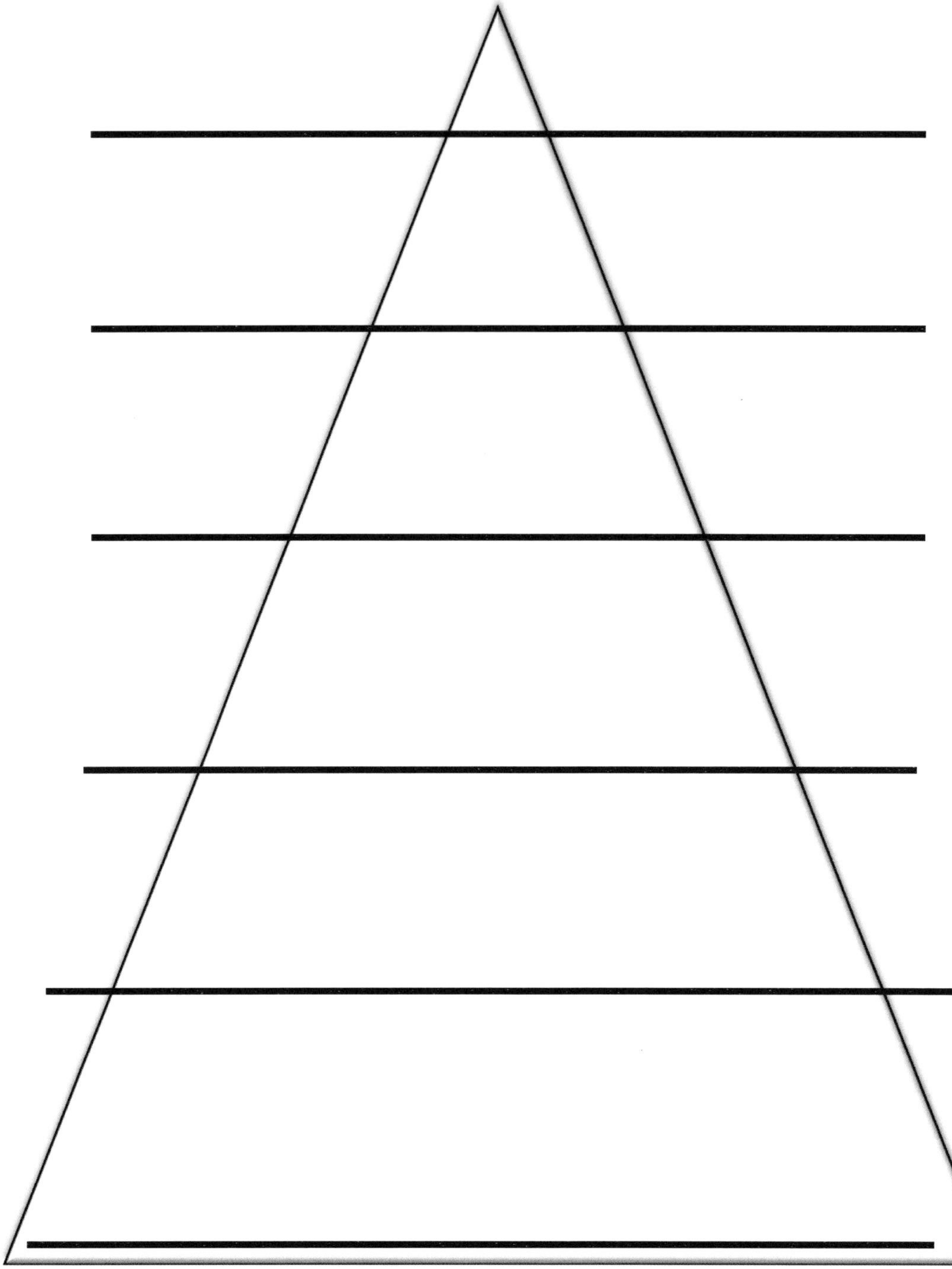

# Die Ernährungspyramide

2.6

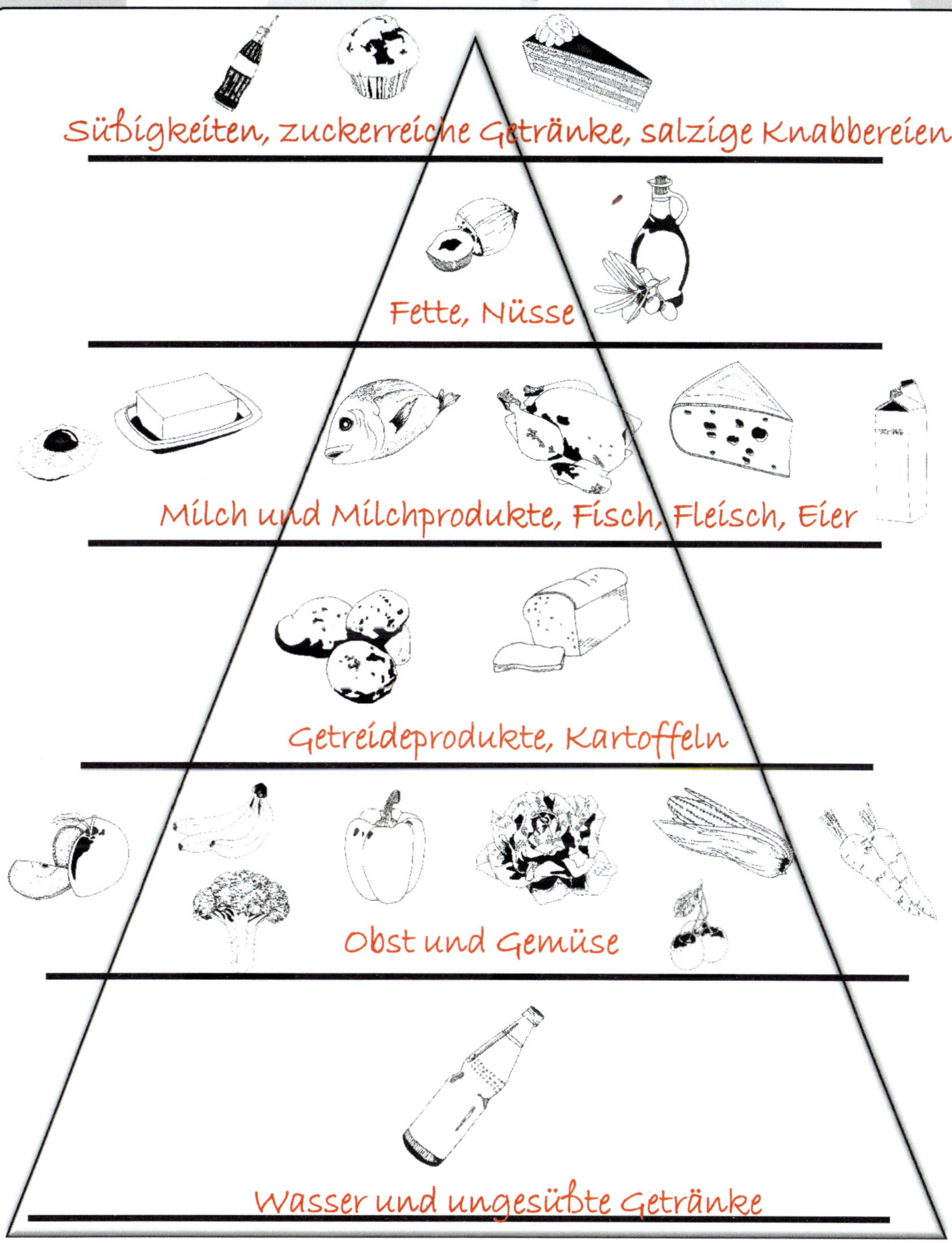

# Knigge

# 3.1

Vielleicht hast du das Wort „Knigge“ schon einmal gehört. Adolph Knigge war ein deutscher Schriftsteller, der im Jahr 1788 ein Buch über Umgangsformen veröffentlicht hat. Heutzutage verbindet man mit „Knigge“ einen Benimmratgeber – also eine Sammlung von Regeln, die bei Tisch gelten.

Hast du eine Idee, warum solche Regeln sinnvoll sein könnten?

Sprich zu Hause mit deinen Eltern über Essensregeln und schreibe auf: Welche Regeln gelten bei euch zu Hause? Ergänze anschließend mit den Regeln von Klassenkameraden und diskutiert in der Klasse, welche ihr gut und welche ihr schlecht findet.

# Serviettenfalttechnik 3.2

Mit dieser Falttechnik wird der Tafelspitz gefaltet. Diese Version findest du oft im Restaurant.

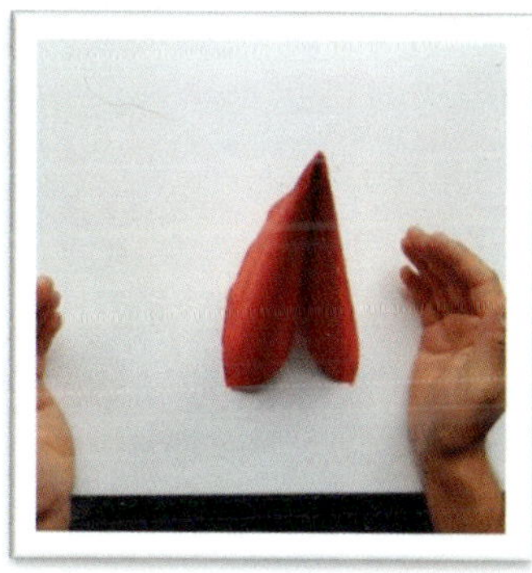

# Serviettenfalttechnik

3.2

Mit dieser Falttechnik lernst du, eine Seerose zu falten.

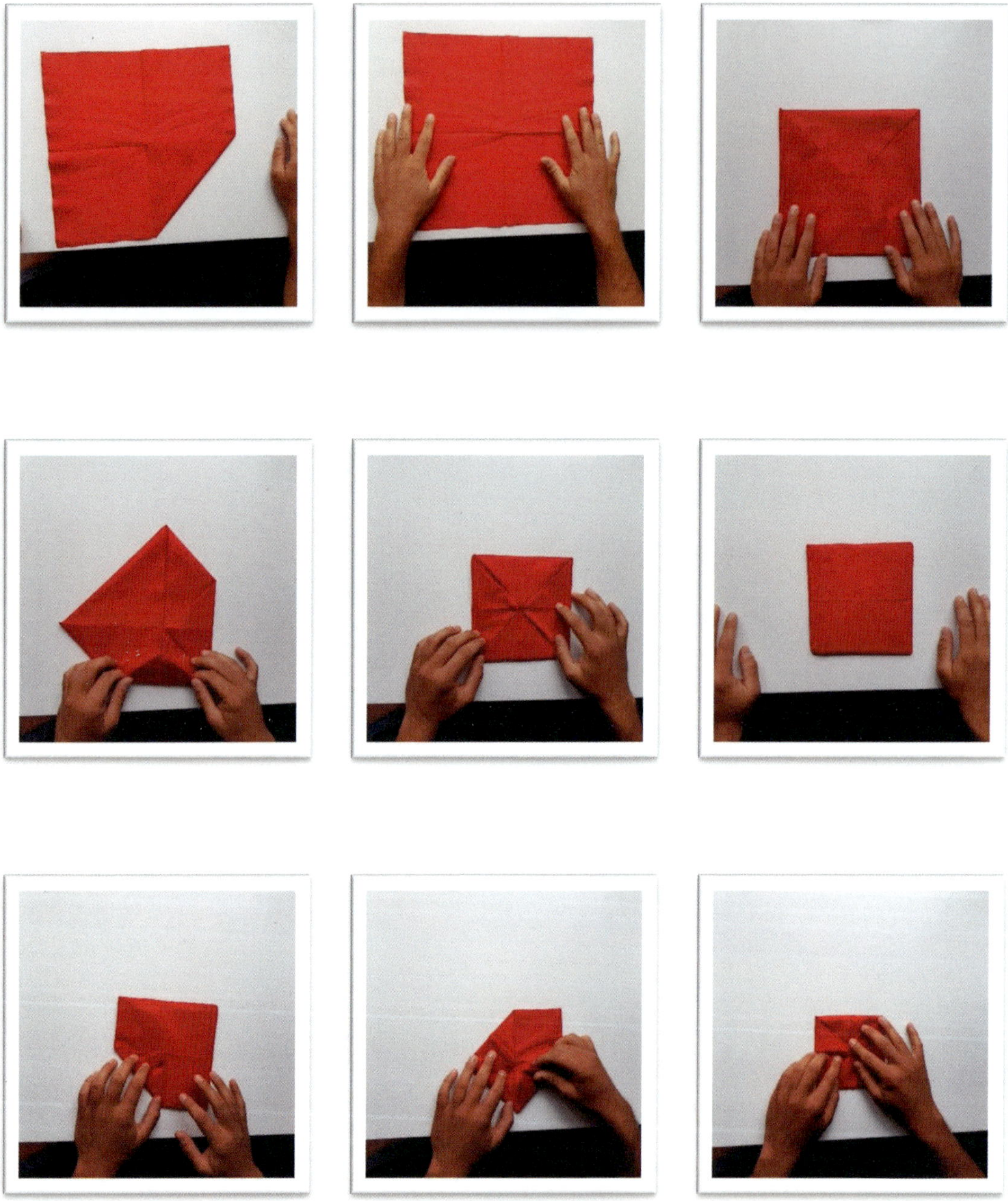

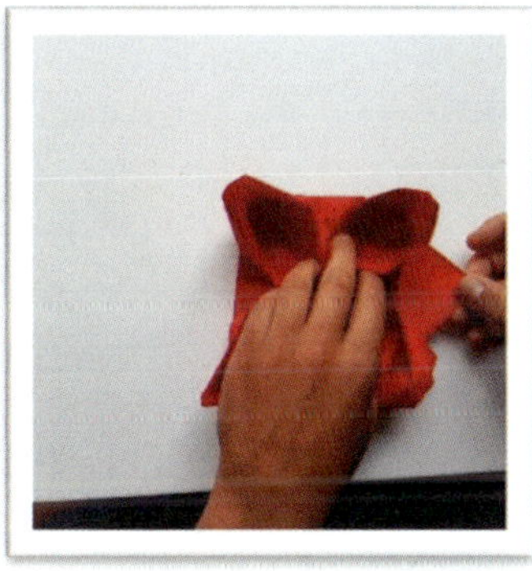

# Tischdecken I

# 3.3

Es gibt Grundregeln zum Tischdecken. Wichtig ist, sich an diese Regeln zu halten, damit jeder gedeckte Platz gleich aussieht und deine Gäste zufrieden sind.

- Die gebügelte Tischdecke wird auf den Tisch gelegt. Wenn zusätzlich Platzsets benutzt werden oder nur Platzsets benutzt werden sollen, wird jeweils einer an jeden Platz gelegt.

- Der Teller liegt mittig auf dem Platzset oder ohne Platzset mittig aus jedem Platz. Von der Tischkante sollte der Teller einen Abstand von 2 cm haben.

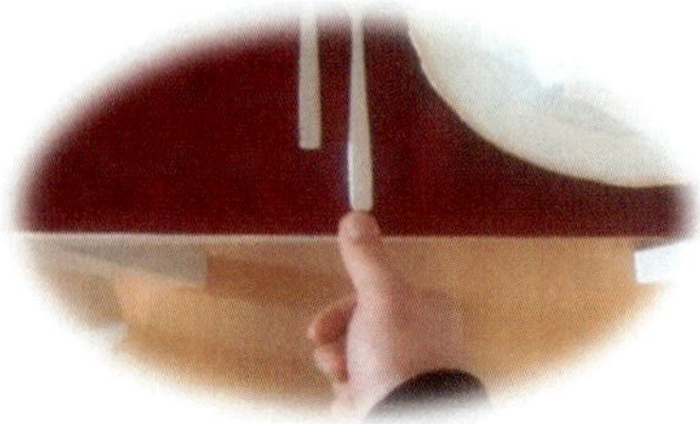

Die Daumenspitze zeigt euch den Abstand für den Teller und die Besteck von der Tischkante.

- Das Messer und der Esslöffel liegen rechts neben dem Teller. Die Schneide des Messers zeigt zum Teller. Der Esslöffel liegt links daneben.

- Die Gabel wird links vom Teller eingedeckt.

- Ein Trinkglas wird oberhalb des Messers eingedeckt und steht zentriert zur Messerspitze.

**Nun bist du dran: Decke mit deinem Partner den Tisch für eine Person und beachte die oben aufgeschriebenen Regeln!**

# Recycling

# 4.1

Im letzten Jahrhundert haben die Menschen in Deutschland immer mehr und mehr Müll produziert, so dass irgendwann gesetzliche Regelungen notwendig wurden. Das bedeutet: Politiker haben Gesetze gemacht, um die „Müllflut" einzudämmen. Dieses Gesetz heißt *„Kreislaufwirtschafts- und Abfallgesetz"*.

Darin stehen drei wichtige Forderungen drin:

1. Abfall vermeiden!
2. Abfall verwerten und in den Stoffkreislauf zurückführen (recyceln)
3. Abfall, der nicht vermieden oder verwertet werden kann, sachgemäß behandeln und ablagern

Auch du hast schon viel mit Müll zu tun gehabt – sowohl zu Hause als auch im Klassenraum. Versuche mit einem Partner die folgenden Fragen zu beantworten:

1. Weshalb leistet Recycling einen wesentlichen Beitrag zum Umweltschutz?

Stoffe sind nicht unendlich vorhanden (Recycling schont die Ressourcen)

Recycling verringert Treibhausgase und damit die Klimaerwärmung

Reduziert anfallenden Restmüll und schont die Umwelt

Ist langfristig billiger, als alles immer aus ganz neuen Rohstoffen zu machen

2. Wiederverwertbare Abfälle werden auch Wertstoffe genannt. Um welche Stoffe könnte es sich hierbei handeln? Diskutiert in der Klasse und findet Beispiele.

Papierabfälle, Bioabfälle, Kunststoffe, Verbundstoffe, Metalle, Glas – im Grunde alles, was man irgendwie wiederverwenden kann. Hier lassen sich viele Beispiele finden: alte Bücher, Computer, Fernseher, Elektroschrott, Plastikflaschen

# Recycling

## 4.1

3. Recycling beginnt mit der Abfalltrennung. Wie trennt ihr bei euch zu Hause den Müll? Schreibe auf.

Hier lassen sich viele Beispiele finden: Leere Verpackungen werden in den gelben Sack geworfen. Glas wird nach Farben getrennt in die zugehörigen Container gebracht, Papier kommt in die blaue Tonne, Restmüll in die graue und Bioabfälle in die braune Tonne. Elektrogeräte können an zentralen Ablageplätzen im Ort abgegeben werden oder beim Händler, wo man sie gekauft hat. Sonderabfälle (Lacke etc.) werden beim Schadstoffmobil abgegeben.

4. Höchste Priorität hat die Abfallvermeidung. Nenne Beispiele, wo du im Alltag Abfall vermeiden kannst.

Beim Einkaufen keine Plastiktüten, sondern Baumwolltaschen;
Butterbrotdose statt Brottüte oder Papier
Beim Einkaufen auf die Vermeidung von Müll achten
Obst möglichst lose kaufen (es gibt z.B. geschälte Bananen in Plastikfolie zu kaufen...)
Mehrwegflaschen statt PET-Flaschen

# Recycling

# 4.2

Mit der Einführung des neuen Müllgesetzes wurden die Geschäfte verpflichtet, Verkaufsverpackungen zurückzunehmen, wieder zu verwerten oder einer Verwertung zuzuführen. Daher gibt es nicht nur eine Restmülltonne, sondern auch eine Gelbe Tonne für Verpackungen. Weil es seitdem zwei verschiedene Abfallarten gibt, spricht man auch vom „dualen System".
Bestimmt hast du auf einer Milchtüte schon einmal dieses Symbol gesehen: Das ist der „grüne Punkt". Dieses Symbol gilt nur für die Sammlung und Sortierung von Verpackungen. Die können nämlich gut recycelt werden.

**Merke dir:** Rohstoffe, die durch Recycling aus Müll gewonnen werde, heißen sekundäre Rohstoffe. Beispiele dafür sind Glas, Paper, Eisen und Aluminium. Grundstoffe, die aus natürlichen Quellen stammen, heißen primäre Rohstoffe, dazu zählen z.B. Holz und Sand.

1. Denke dir ein Beispiel aus und erkläre daran den Unterschied zwischen primären und sekundären Rohstoffen.

______________________________

______________________________

______________________________

______________________________

2. Du kaufst Brot in einer Plastiktüte, verpackte Butter (in aluminiumbeschichtetem Papier), ein Glas Joghurt und eine Pappschachtel mit Erdbeeren. Fülle die Tabelle aus und ergänze, welche Rohstoffe sich in deinem Einkauf verbergen.

| | Primäre Rohstoffe | Sekundäre Rohstoffe |
|---|---|---|
| Brot in Plastiktüte | Getreide, | Plastik |
| Verpackte Butter | Butter | Aluminium, Papier |
| Glas Joghurt | Joghurt, Milch | Glas, Aluminiumdeckel, Papieraufdruck |
| Pappschachtel Erdbeeren | Erdbeeren | Pappschachtel |

# Recycling

# 4.3

Unten siehst du viele Abbildungen und Begriffe, die mit dem dualen System zu tun haben. Hole dir von vorne eine Kopiervorlage, schneide die Kärtchen aus und klebe  sie auf den nächsten beiden Seiten auf, um das Duale System zu veranschaulichen! Ergänze Begriffe und Pfeile, um den Kreislauf im Uhrzeigersinn lesen zu können.

Recyclinghof

Abfüller

Sekundärrohstoffe

Geschäfte

Sortierung

Sammlung

neue Verpackungen

Recyclinghof

verpackte Produkte

Verbraucher

# Duales System 4.3

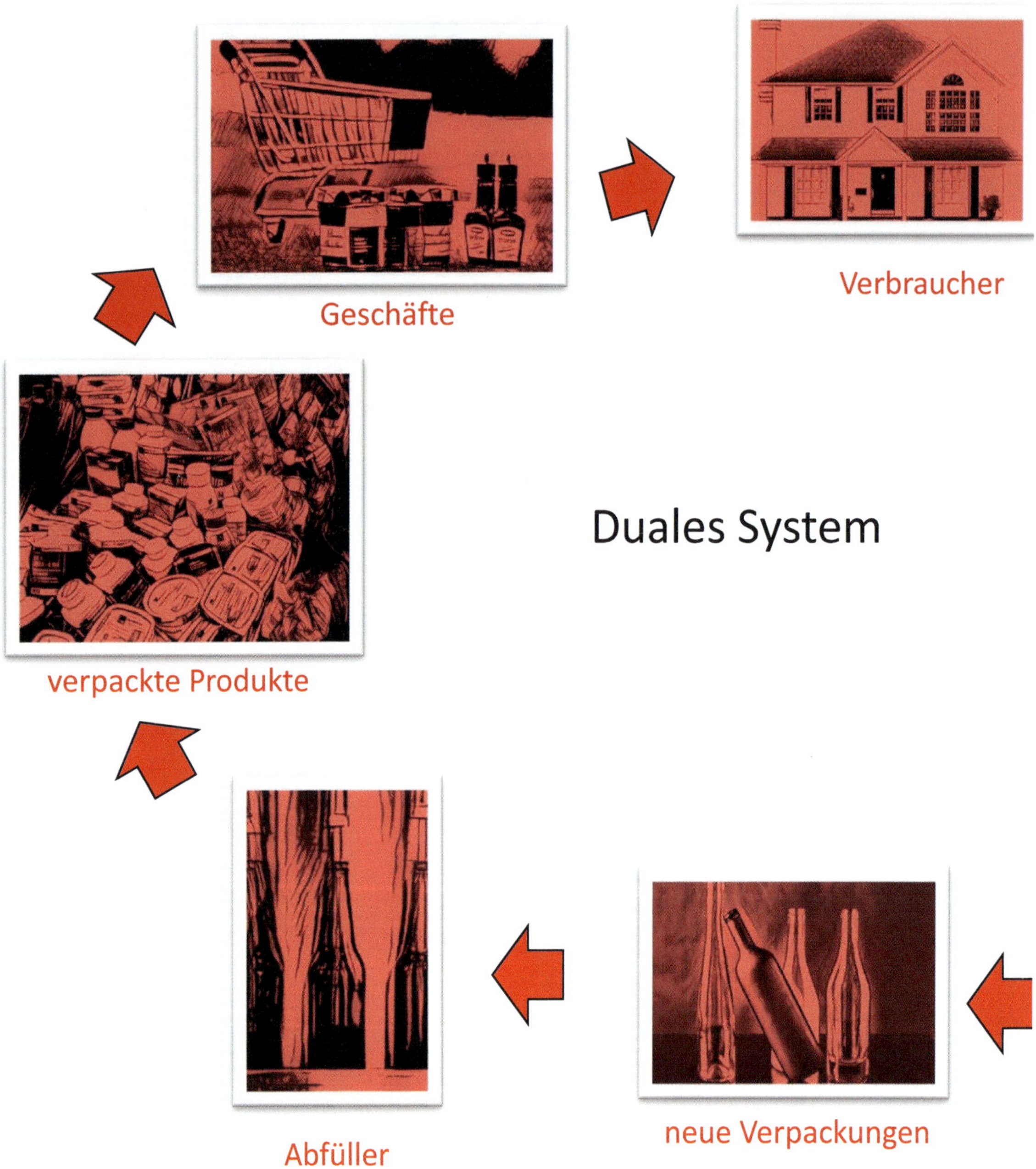

Sammlung

Sortierung

Recyclinghof

Sekundärrohstoffe

# Alles in eine Tonne?

4.4

Bringe von zu Hause Werbeprospekte (z.B. vom örtlichen Supermarkt) mit. Schneide zu jeder Mülltonne passend zwei Produkte aus dem Prospekt aus und klebe sie hier auf.

# Alles in eine Tonne?

4.4

Überlege dir, welche Verpackungen nicht in die die vier Mülltonnen gelangen dürfen. Was geschieht damit?

| Verpackung | Entsorgung |
| --- | --- |

# Der große Küchenführerschein

## Du bist schon ein richtiger Küchenprofi!

**Name:**

- Du kannst verschiedene Geräte in der Küche bedienen und kennst dich gut in der Küche aus.
- Du richtest deinen Arbeitsplatz in der Schulküche selbstständig ein.
- Du vermeidest Unfälle, weil du genau weißt, worauf du in der Küche achten musst.
- Du kennst dich mit Hygiene aus und weißt genau, was vor und während dem Kochen zu beachten ist.
- Du kannst selbstständig abwaschen und weißt genau, wie man das Geschirr von Fett befreien kann.
- Du kennst viele tolle Rezepte und kannst sie eigenständig umsetzen.
- Du kennst dich mit der Ernährungspyramide aus.
- Du weißt genau, wann und warum man isst und kannst dein Essverhalten reflektieren und kontrollieren.
- Du weißt genau, wozu und wie man den Müll sortiert.
- Du bist ein Recyclingprofi.
- Du beherrschst Tischmanieren und kannst für deine Gäste einen tollen Tisch decken.

**Unterschrift Lehrer/in:**

# Nachwort

Sie kennen das vielleicht schon, aber: Vielen Dank!

Vielen Dank, dass Sie uns Ihr Vertrauen geschenkt haben, um unsere Gedankengänge und Ideen bis hierhin zu verfolgen. Wir hoffen, dass Ihnen dieses Buch viele, viele Stunden der Vorbereitung erspart und Ihnen überdies das Gefühl nimmt, sich im Hauswirtschaftsunterricht von Stunde zu Stunde hangeln zu müssen.

Über Ideen und Kritik und Fragen und Korrekturen und Rückmeldungen und Erfahrungsberichte und Beschwerden und Wünsche und Ergänzungen freuen wir uns auch. Schreiben Sie an:

**halbtagsblog@gmail.com.**

Wie auch in unseren anderen Büchern möchten wir um einen großen Gefallen bitten: Wenn Ihnen die Lektüre ein wenig Spaß gemacht hat, **bewerten Sie uns positiv auf Amazon**. Es gibt keinen Verlag hinter uns und keine Werbemaschinerie - letztlich ist das alles eher das Projekt zweier begeisterter Lehrerkollegen, als professionelle Arbeit. Wann immer Sie über ungelenke Sätze gestolpert sind, haben Sie im Hinterkopf, dass wir Techniklehrer mit voller Stelle und junge Väter sind und als solche nur über bescheidene sprachliche Fähigkeiten verfügen. Jede positive Bewertung bei Amazon hilft uns und Kollegen, auf diese Arbeit aufmerksam zu werden.

Vielen Dank ☺.

30457871R00044

Printed in Poland
by Amazon Fulfillment
Poland Sp. z o.o., Wrocław